Ristorante asuWa

予約の取れないレストラン

リストランテ asuwa

阿諏訪泰義（うしろシティ）

はじめに

「料理が上手になるコツを教えてください」
よくこの質問をされます。
料理が上達するコツ、それは「何度も味見をすること」です。
当たり前だと思う方もいるかも知れませんが、調味料を入れる前に
味見、調味料を入れた後にも味見、たまに調味料だけを味見……。
そうやって味見を繰り返していくと、味の感覚を覚えることができ、
「今、この料理に足りない味」が見えてきます。

料理には正解がありません。美味しくできるときもあれば、無難な
味になってしまうときもある。また、その日の体調によって、味覚も
変わってしまいます。でも味の感覚さえ自分の中に持っていれば、
手間をかけた料理より、サッと作った料理でも美味しくなるというの
が僕の考えです。

料理のマンネリ化＝失敗しない味つけだと思います。それもいいこ
とですが、どうしても無難な味になってしまう。それでは料理も楽
しくない。本書では、いつも食べている家庭料理に、少し工夫を
しているだけです。でもそのちょっとしたことで劇的に変わり、料理
が楽しくなることを知っていただきたいです。

そして、今回ご紹介する料理を調理するときは、しつこいぐらい味
見をすることをお忘れなく。
味の感覚を鍛える教科書としてもお使い頂けると幸いです。

阿諏訪泰義

たったひと手間の〝神コツ〟で家庭料理をお店の味に

本書は、どんな料理も食べただけで味を再現し、〝神の舌〟を持つとまで言ってもらえるようになった僕が、いつもの家庭料理を分析し、「この味を足すとグッとおいしくなるんじゃないか」と計算したレシピたちです。

料理を再現するとき、「塩味が少し強い」「あとから甘味がやってくる」「苦味がアクセントになっている」など、味の分析をします。イメージとしては、料理というパズルに味のピースを当てはめていくような。今回究極の家庭料理を目指して、そのパズルを1から組み立てました。

「調味料を足すだけ」「具材を変えるだけ」など、どれもちょっとしたことですが、一気に味が様変わりします。そのおいしさと驚きを体験するために、簡単ですのでぜひチャレンジしてみてください。

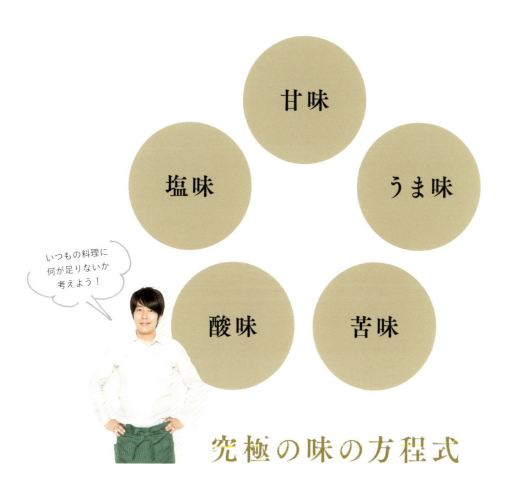

究極の味の方程式

味覚には、甘味・塩味・酸味・苦味・うま味の5つが基本と言われています。この基本味に辛味や風味、コクなどが合わさって料理は完成します。

いろいろな要素の組み合わせである料理が上手くなるためにも、調味料の感覚をつかむことが大事です。

普段料理で使っている調味料でも、調味料単体で味見をしたことがない方も多いはず。また、一言で調味料と言っても、商品によっては甘味が強かったり、塩味を抑えていたりと、味にも幅があります。まずは、ご自宅にお持ちの調味料の味見からはじめ、その調味料の感覚を覚えてみましょう。

asuwa流
〝料理の極意〞

料理は、味はもちろん、食感や香り、彩りなど、様々なもので成り立っています。料理が得意な人ほど、そういった様々な要素のバランスをうまく取りながら完成させていきます。
そのバランス感覚を養う為に気をつけておきたい3カ条、〝味〞〝時間〞〝コツ〞を皆様にお伝えいたします。
この3カ条を頭に入れながら、毎回工夫することで、いるものやいらないものがわかるようになり、料理が楽しくなっていきます。

1 調味料の味を正確に覚える

しつこいぐらい味見することが大事！

味付けの肝である調味料の味がわからなければゴールは見えません。まずは調味料の味見をするクセをつけましょう。そして、調味料を入れる前と後にも味見をすることも大事。味見を繰り返すうちに「今どの味が足りないのか」が見えてくるようになります。

2 ゆで時間、焼き時間など 時間をうまく操る

食材別に自分好みの時間を持ってみよう！

食感も一つの味だと思ってください。たとえば、もやしはあまり火を通さないことでシャキシャキ感を残すなど、食材や部位によって火を入れる時間を変えることも重要なポイントです。
また、あえて少し焦がして苦味を出すことによって、味に奥行きを持たせることもできます。

3 ワンランクアップの コツはすぐそばに

ムづかしいことは必要なし！味の想像力をふくらませて。

料理をランクアップさせるコツは難しくありません。「安いみそでもしょうゆを少し足せば高級な味に」など、誰でも出来るものです。また、煮魚を煮過ぎると風味が飛んでしまう悩みも、最後に焦がししょうゆをかけるだけで、1ランク上の煮魚になります。ほんの少しの手間だけで、家庭料理がお店の味へと変身します。

contents

はじめに ……… 3
〝神の舌〟で家庭料理をお店の味に ……… 4
究極の味の方程式 ……… 5
asuwa流〝料理の極意〟 ……… 6

chapter_1
特選！最強の家庭料理

ひき肉じゃが ……… 12
おろしりんごの生姜焼き ……… 14
ザーサイ入り本格餃子 ……… 16
肉汁ほとばしるメンチカツ ……… 18
濃厚スンドゥブ ……… 20
イタリアンサムギョプサル ……… 22
マッシュルームとレバニラ炒め ……… 24
ツナと季節野菜の和風ラタトゥイユ ……… 26
ビシソワーズからのカレー ……… 28
じゃがいもビシソワーズ ……… 29
下町ナポリタンスパゲッティーニ ……… 30

chapter_2
簡単＆驚き！絶品メインのおかず

肉料理

1_ 白いビーフストロガノフ ……… 34
2_ 鶏肉とカシューナッツの野菜炒め ……… 36
3_ 香草香るジェノバチキン ……… 38
4_ 簡単コンビーフリエット ……… 40
5_ 濃厚アルポナフィガス ……… 41
6_ 蒸し鶏とクリームチーズの明太子和え ……… 42
7_ チキンコーンミルクスープ ……… 43
8_ とろける牛ワイン煮込み ……… 44

魚介料理

1_ サーモンソテーアボカドソース ……… 46
2_ 海老レタスオイスター炒め ……… 48
3_ マッシュルームたっぷりアヒージョ ……… 50
4_ ししゃもの胡麻焼き ……… 52
5_ 梅ときゅうりのなめろう ……… 53
6_ わさびとすし酢のカルパッチョ ……… 54
7_ 鯖缶ダチョス ……… 56

chapter_3
1品で満足!
ライス&パスタ

野菜料理

1_ 白菜のさっぱりそぼろあんかけ …… 58
2_ トルキッシュズッキーニフライ …… 60
3_ ミックスビーンズミネストローネ …… 62
4_ 風味豊かなレタスのみそ汁 …… 63
5_ ソムスディップ …… 64
6_ アンチョビポテトサラダ …… 65
7_ 旨味広がるコンソメオムライス
　　 自家製ケチャップがけ …… 66
8_ 山形だしの冷製カッペリーニ …… 68

Column 1 ＼忙しいときでも超簡単!／
混ぜるだけドレッシング …… 70

ぜいたく卵の親子丼 …… 74
ごまが香るちらし寿司 …… 76
多国籍ソースのカオマンガイ …… 78
フレッシュバジル ガパオライス …… 79
トマトジュースでタコライス …… 80
ガーリックバターライス …… 82
あさりといんげんの炊き込みご飯 …… 83
有頭海老の濃厚ペンネ …… 84
りんごとレモンの冷やし中華 …… 86
ピリ辛やきそば …… 88
梅とカツオのそうめん …… 89
スタミナキムチ納豆うどん …… 90
試練のジャージャン麺 …… 91

Column 2 ＼お酒がとまらない!／
絶品おつまみレシピ …… 92
おわりに …… 94

Ristorante AsuWa

chapter_1

特選！
最強の家庭料理

いつもの家庭料理にひと手間！
お箸が止まらなくなる
リストランテasuwa厳選レシピ。

ひき肉じゃが

家庭料理の王道中の王道。
ひき肉を使うことで、肉のうま味が溶け出します。
野菜と一緒に頬張ってください。

材料 2人分

牛ひき肉 = 200g
玉ねぎ = 1/2個
じゃがいも = 2個止味 (200g)
しらたき = 1袋 (110g)
サラダ油 = 小さじ1
A ┌ 水 = 200ml
  │ 酒、砂糖、醤油 = 各大さじ1
  └ 顆粒和風だしの素 = 小さじ1
昆布ぽん酢 = 大さじ1
万能ねぎ (小口切り) = 2〜3本

つくり方

1 玉ねぎはくし形切りに、じゃがいもは皮をむいて
  食べやすい大きさに切る。
  しらたきはゆでて食べやすく切る。

2 鍋にサラダ油を中火で熱し、牛ひき肉、玉ねぎ、
  じゃがいもの順に加えて炒める。

3 全体が透き通ってきたら、
  しらたきとAを加えて煮立てる。

4 アクを取って弱火にし、落とし蓋をして約20分煮る。
  火を止めて昆布ぽん酢を加えてさっと混ぜる。

5 4を器に盛り、万能ねぎをのせる。

— AsuWa Point —

ぽん酢でコクとうま
味が増す。ぽん酢は
風味を飛ばさないよ
うに、最後に入れる。

おろしりんごの生姜焼き

りんごのほのかな甘味で飽きずに食べられる。
シンプルな味つけでも、
りんごによって風味が出て全体がまろやかに。

材料　2人分

豚肩ロース（生姜焼き用）
　＝ 6枚（200g）
薄力粉 ＝ 適量
玉ねぎ ＝ 1/2個
サラダ油 ＝ 小さじ2
A｜醤油 ＝ 大さじ2
　｜酒 ＝ 大さじ1
　｜りんご（すりおろし）
　｜　＝ 大さじ1（1/8個分）
　｜生姜（すりおろし）＝ 小さじ2

つくり方

1　豚肩ロースは両面に薄く薄力粉をまぶす。
　　玉ねぎは細めのくし形切りにする。

2　フライパンにサラダ油を熱し、
　　玉ねぎと豚肩ロースを広げて炒める。

3　肉の両面に焼き色が付いたら、
　　Aを加えて煮絡めるように1～2分焼く。

AsuWa Point

おろしりんごを調味料として加えることで、まろやかなうま味が出る。

ザーサイ入り本格餃子

中華の定番。
中華食材であるザーサイがアクセントに。
塩抜きは忘れずに。

材料　26個分

合挽き肉 = 200g
ザーサイ = 20g
キャベツ = 100g
塩 = 小さじ1
A ┃ ニラ(みじん切り) = 1/4束分(25g)
　┃ にんにく、生姜(みじん切り)
　┃ 　= 各1かけ分
　┃ 水 = 50ml
　┃ 酒 = 大さじ1
　┃ 砂糖、片栗粉 = 各小さじ1
　┃ 醤油、ごま油 = 各小さじ1/2
　┃ 塩、こしょう = 各適量
餃子の皮 = 26枚
サラダ油 = 小さじ2
B ┃ 片栗粉 = 小さじ1
　┃ 水 = 100ml
ごま油 = 大さじ1

つくり方

1　ザーサイは水(分量外)に20分浸けて塩抜きをして、3mm幅に切る。

2　キャベツは粗みじん切りにする。塩をまぶして約10分置き、水気をしっかり絞る。

3　ボウルに合挽き肉と1、2、Aを入れ、粘りが出るまでしっかり混ぜる。

4　ラップをかけ、約30分冷蔵庫で休ませる。

5　餃子の皮に4をのせ、縁に水をつけてひだをよせながら閉じて包む。

6　フライパンにサラダ油を引いて餃子を並べ、中火にかける。

7　焼き色が付いたらよく混ぜたBを回し入れ、蓋をして3〜4分蒸し焼きにする。

8　蓋を取って水分を飛ばし、ごま油を餃子にまわしかける。こんがりと焼けたら裏返して器に盛る。

---AsuWa Point---

ザーサイを作るときに使う八角や陳皮によって、より本格的な味になる。

肉汁ほとばしる メンチカツ

肉汁が溢れだす。
パン粉に水を吹きかけるのもポイント。
お弁当のおかずにも。

材料　2人分

合挽き肉 = 200g
キャベツ = 50g
玉ねぎ = 1/4個 (50g)
牛脂 = 10g
パン粉 = 適量
A｜砂糖 = 小さじ1
　｜塩、こしょう = 各適量
　｜溶き卵 = 1/2個分 (25g)
B｜薄力粉 = 大さじ2
　｜溶き卵 = 1/2個分 (25g)
　｜水 = 大さじ1
揚げ油 = 適量
キャベツ（千切り）= 適宜
ソース = 適宜

つくり方

1　キャベツ、玉ねぎ、牛脂は粗みじん切りにする。
　　玉ねぎは耐熱皿にのせてラップをせずに、
　　電子レンジ（600W）で2分間加熱して粗熱を取る。

2　パン粉をバットに広げ、霧吹きで全体に
　　水を吹きかけて生パン粉のようにしっとりさせる。

3　ボウルに合挽き肉を入れ、1とAを順に加えて
　　粘りが出るまでよく混ぜる。

4　3を4等分にして丸く成形し、よく混ぜたB、
　　2のパン粉の順につける。

5　揚げ油を170℃に熱し、4を入れて揚げる。
　　油を切って器に盛り、お好みでキャベツと
　　ソースを添える。

— AsuWa Point —

たねの中に牛脂を加えることで、ジューシーになる。

chapter 1 _ 特選！最強の家庭料理 / 19

濃厚スンドゥブ

寒い時期にピッタリ。
辛さに負けない魚介のうま味がたっぷり。
韓国料理の定番。

材料　2人分

絹豆腐 = 200g
アスパラガス = 3本
ニラ = 1/4束 (25g)
玉ねぎ = 1/4個 (50g)
しいたけ = 2枚 (30g)
豚バラ肉 = 70g
A┃キムチ (ざく切り) = 70g
　┃にんにく (すりおろし) = 1かけ分
　┃粉唐辛子 = 大さじ2
ごま油 = 大さじ1と1/2、小さじ1
B┃あさり (殻付き/砂抜きする) = 200g
　┃キムチの汁、酒 = 各大さじ1
C┃水 = 400ml
　┃醤油 = 小さじ2
　┃アミえびの塩辛 = 小さじ2
　┃顆粒和風だしの素 = 小さじ1
卵 = 1個

つくり方

1　アスパラガスははかまを取り、
　　根元が硬ければピーラーで皮をむいて4等分に切る。
　　ニラは5cm幅に切る。玉ねぎは5mm幅に切る。
　　しいたけは石づきを取って5mm幅に切る。

2　豚バラ肉は3cm幅に切り、
　　Aと合わせて約10分おく。

3　厚手の鍋 (または土鍋) にごま油大さじ1と1/2を
　　中火で熱し、2を炒める。豚肉の色が変わってきたら、
　　玉ねぎ、しいたけ、Bを加えて2～3分炒める。

4　Cを加えて沸かし、食べやすい大きさに
　　手で割った豆腐とアスパラガスを加える。
　　2～3分煮てニラを加え、
　　ごま油小さじ1を回し入れて卵を割り入れる。

AsuWa Point

アミえびの塩辛を入れることで、本格的なコクと辛みが出る。

イタリアン サムギョプサル

ベーコンを使った本格イタリアン風。
肉のうま味と野菜の甘味がしっかり感じられる。
チーズはカマンベールでもOK。

材料　2人分

ブロックベーコン ＝ 200g
トマト ＝ 大1個
玉ねぎ ＝ 1/2個
にんにく ＝ 1かけ
オリーブオイル ＝ 大さじ1
A　水 ＝ 100ml
　　トマトペースト ＝ 大さじ1
　　顆粒コンソメスープの素 ＝ 小さじ1
　　ハーブミックス（乾）＝ 小さじ1
　　塩、粗挽き黒こしょう ＝ 少々
ブラックオリーブ（スライス）、
　モッツァレラチーズ、バジルの葉、レタス
　＝ 適量

つくり方

1　ベーコンは1cm厚さに切る。
　トマトはヘタを取り、湯むきしてざく切りにする。
　玉ねぎとにんにくはみじん切りにする。

2　フライパンを熱し、ベーコンを並べ入れて焼く。
　油が出てきたらキッチンペーパー等でふき取り、
　両面に焼き色がついたらバットに取り出す。
　粗熱が取れたらキッチンばさみ等で食べやすく切る。

3　2のフライパンをさっとふき、
　オリーブオイルを熱して玉ねぎとにんにくを炒める。
　玉ねぎが透き通ってきたらトマトとAを加えて煮立たせ、
　ベーコンを戻し入れてとろみがつくまで煮詰める。

4　3をブラックオリーブ、モッツァレラチーズ、
　バジルとともにレタスで巻いて食べる。

―AsuWa Point―

トマトペーストを加えることでコクと甘みが出る。

マッシュルームと
レバニラ炒め

スタミナ中華料理。
マッシュルームが味を出しつつ他の味を吸収します。
レバーの臭みが苦手な方も食べられる。

材料　2人分

鶏レバー ＝ 200g
牛乳 ＝ 200ml
A｜醤油、酒 ＝ 各小さじ1
　｜生姜（すりおろし）＝ 小さじ1/2
もやし ＝ 100g
マッシュルーム ＝ 3個
ニラ ＝ 40g
ごま油 ＝ 大さじ4
片栗粉 ＝ 大さじ2
B｜オイスターソース、醤油、砂糖、酒、
　｜はちみつ ＝ 各大さじ1
　｜塩、こしょう ＝ 各適量

つくり方

1　鶏レバーは食べやすい大きさに切り、
　　約30分牛乳に浸けて臭みを取る。
　　水で洗い流してキッチンペーパーで水気をふき取り、
　　Aに15分浸けこむ。

2　もやしはさっと洗い水気を切る。
　　マッシュルームは薄切りに、ニラは4cm幅に切る。

3　フライパンにごま油大さじ3を熱し、
　　片栗粉をまぶした1のレバーを入れて炒める。
　　全体に焼き色が付いたらバットに取り出す。

4　3のフライパンをキッチンペーパーでさっとふいて
　　ごま油大さじ1を熱し、もやし、マッシュルーム、
　　ニラの順に加えて強火で炒める。
　　レバーを戻し入れてBを加え、さっと炒める。

— AsuWa Point —

牛乳に浸けることで、
レバーの臭みを取る。

chapter 1 _ 特選！最強の家庭料理 / 25

ツナと季節野菜の和風ラタトゥイユ

イタリアン?和風?
野菜も多く取れるのに、煮るだけでできる簡単料理。
みそが味に奥行きを持たせます。

材料　作りやすい分量

ツナ(油漬け) = 小1缶 (70g)
なす = 2本
大根 = 5cm
れんこん = 小1節
長ねぎ = 1/2本
オリーブオイル = 大さじ1

A
- ホールトマト缶 (ホールはつぶす) = 1缶 (400g)
- 顆粒コンソメスープの素 = 大さじ1/2
- みそ = 大さじ1/2
- 醤油 = 小さじ1
- 塩 = 少々

つくり方

1　なすはヘタを取って乱切りにする。大根とれんこんは皮をむいて1cm厚さのいちょう切りにする。長ねぎは1.5cm幅に切る。

2　鍋にオリーブオイルを熱し、**1**を入れて炒める。全体に油がまわったら、汁気を切ったツナを加えてさっと炒め、**A**を加えて弱火で約20分煮て、汁気をとばす。

AsuWa Point

みそを隠し味にして和風に。冷蔵庫に入れて冷やして食べても美味しい。

ビシソワーズからのカレー

ビシソワーズがカレーに変身。
じゃがいものやさしさを感じる、
子供にも人気のマイルドなカレーに。

材料 2〜3人分・作りやすい分量

鶏もも肉 ＝ 大1枚
塩 ＝ 少々
玉ねぎ ＝ 1個
トマト ＝ 1個
アスパラガス ＝ 4本
サラダ油 ＝ 大さじ1
水 ＝ 400ml
カレールウ（フォンドボー入り）＝ 50g
ビシソワーズ ＝ 300ml
ご飯 ＝ 適量

—— AsuWa Point ——
トマトで軽い口当たりに。

つくり方

1 鶏もも肉は一口大に切り、塩をまぶす。
玉ねぎとトマトはざく切りにする。
アスパラガスははかまを取り、
根元の皮をピーラーでむいて2cm幅に切る。

2 鍋にサラダ油を熱し、鶏もも肉を入れて炒める。
色が変わってきたら玉ねぎを加えてさっと炒める。
水を加えて沸かしたらアクを取り、弱火で約20分煮る。
一度火を止めてカレールウを溶かし、
弱火にかけてとろみが出るまで約5分煮る。
ビシソワーズとトマト、アスパラガスを加えて更に
約5分煮る。

3 器にご飯を盛り、**2**をかける。

じゃがいも ビシソワーズ

食欲がないときにはこれ。
やさしい味に心も落ち着きます。

—— AsuWa Point ——
温めてポタージュにも。

材料 4人分

じゃがいも ＝ 3個（約300g）
玉ねぎ ＝ 1個
バター ＝ 10g
A ｜ 水 ＝ 400ml
　 ｜ 顆粒コンソメスープの素 ＝ 大さじ1
牛乳 ＝ 400ml
塩、こしょう ＝ 少々
シブレット ＝ 適宜

つくり方

1 じゃがいもは皮をむいてざく切りにする。
玉ねぎは薄切りにする。

2 鍋にバターを入れて熱し、
玉ねぎを加えて弱火で炒める。
全体が透き通ってきたらじゃがいもと**A**を加え、
沸騰させてアクを取り、弱火にして約15分、
じゃがいもがヘラで押して簡単に崩れるまで煮る。

3 **2**の粗熱が取れたらハンディミキサー等で
なめらかになるまで攪拌する。牛乳を加えてのばし、
塩こしょうで味を調えて冷蔵庫で冷やす。

4 冷やした器にそそぎ、お好みで刻んだシブレットを飾る。

下町ナポリタン スパゲッティーニ

洋食屋さんの王道。
昔懐かしの味を再現してみました。
シンプルな味の中に深いコクを感じられます。

材料　2人分

- ウインナー ＝ 4本
- 玉ねぎ ＝ 1/2個
- にんにく ＝ 1かけ
- しいたけ ＝ 1枚
- ピーマン ＝ 1個
- スパゲッティーニ ＝ 200g
- オリーブオイル ＝ 大さじ1
- A
  - ケチャップ ＝ 大さじ5
  - オイスターソース、醤油 ＝ 各小さじ1
  - バター ＝ 10g
- 粉チーズ ＝ 適量

つくり方

1. ウインナーは斜め薄切りにする。
   玉ねぎとにんにくは薄切りにする。
   しいたけは石づきを取って薄切りにする。
   ピーマンはヘタと種を取って細切りにする。

2. 大きめの鍋に湯を沸かして塩（分量外）を加え、
   スパゲッティーニを袋の表示通りにゆでて水気を切る。
   その際、ゆで汁大さじ1を別の容器に取っておく。

3. フライパンにオリーブオイルを中火で熱し、にんにく、
   ウインナー、玉ねぎ、しいたけ、ピーマンの順に加えて炒める。
   Aとゆで汁、2のスパゲッティーニを加えて炒める。
   器に盛り、粉チーズをふる。

AsuWa Point

オイスターソースを入れると、コクが増して洋食屋さんの味に。

Ristorante AsuWa

chapter_2

簡単＆驚き！
絶品メインのおかず

大人も子供も喜ぶ！
誰もが飛びつくメイン料理。
本日のひと皿にいかがですか？

肉のおかず

ひと皿で大満足！
男性にも喜ばれるガッツリ肉料理。

肉料理_1

白いビーフストロガノフ

お家でおしゃれな洋食を。
すし酢の甘味と風味がアクセントに、
酸味が食欲をそそります。

材料　2人分

牛こま切れ肉 = 180g
玉ねぎ = 1/2個
マッシュルーム = 5個
バター = 20g
白ワイン = 大さじ2
A｜薄力粉 = 大さじ1/2
　｜牛乳 = 300ml
　｜顆粒コンソメスープの素 = 小さじ2
サワークリーム = 大さじ1
すし酢 = 大さじ1/2
塩、こしょう = 各適量

つくり方

1　牛こま切れ肉は大きければ食べやすい大きさに切る。
　　玉ねぎとマッシュルームは薄切りにする。

2　フライパンにバター10gを熱し、
　　牛こま切れ肉を入れて炒める。
　　肉の色が変わったら白ワインを加え、
　　沸騰したらバットに取り出す。

3　2のフライパンをキッチンペーパーでさっとふいて
　　残りのバター10gを熱し、玉ねぎを炒める。
　　しんなりとしたらよく混ぜたAを加え、
　　とろみが出るまで煮る。
　　2の肉を戻し入れ、マッシュルームとサワークリームを
　　加えて約5分煮込む。
　　すし酢を加えてさっと混ぜ、塩こしょうで味を調える。

― AsuWa Point ―

すし酢は風味が残る
ように、最後に加え
る。

chapter 2 _ 簡単 & 驚き！絶品メインのおかず / 35

肉料理_2

鶏肉とカシューナッツの野菜炒め

カシューナッツの香ばしさが決め手。
お肉のやわらかさと、ナッツのカリカリの
食感が楽しい。ビール片手にいかが？

材料　2人分

鶏むね肉 ＝ 1枚
A ┃ 片栗粉、酒 ＝ 各大さじ1
　 ┃ 塩、こしょう ＝ 少々
長ねぎ ＝ 1本
赤パプリカ ＝ 1/2個
ピーマン ＝ 1個
サラダ油 ＝ 適量
カシューナッツ（無塩）＝ 60g
ごま油 ＝ 大さじ1
B ┃ オイスターソース、醤油、酒
　 ┃ 　＝ 各大さじ1
　 ┃ 顆粒鶏ガラスープの素 ＝ 大さじ1/2
　 ┃ 砂糖 ＝ 小さじ1

つくり方

1　鶏むね肉は1.5cm角に切り、Aをまぶす。
　　長ねぎは1cm幅に、赤パプリカとピーマンは
　　1cm角に切る。

2　フライパンにサラダ油を多めに熱し
　　カシューナッツを揚げ焼きにする。
　　こんがりと色づいたらキッチンペーパーに
　　取り出して油を切る。

3　2のフライパンをキッチンペーパーでさっとふいて
　　ごま油を熱し、鶏むね肉を入れて炒める。

4　色が変わってきたら長ねぎ、赤パプリカ、ピーマンの
　　順に加えて炒める。
　　Bを入れてさっと炒め、たれにとろみがついたら
　　2を加えて混ぜる。

― AsuWa Point ―

カシューナッツは炒める前に揚げてカリッとさせる。

肉料理_3

香草香るジェノバチキン

ガッツリ食べたいときはこれ。
お肉のコッテリをソースのさっぱりで包みます。
少しおしゃれなイタリア気分で。

材料　2人分

鶏もも肉 ＝ 小2枚 (500g)
塩 ＝ ひとつまみ
ミックスハーブ (乾) ＝ 小さじ2
にんにく ＝ 2かけ
オリーブオイル ＝ 大さじ1
白ワイン ＝ 大さじ1
ズッキーニ、ラディッシュ ＝ 適量
大葉のジェノベーゼソース ＝ 適量

― AsuWa Point ―
ミックスハーブを使うことで簡単に本格的なイタリア料理になります。

つくり方

1　鶏もも肉はフォークで数か所穴をあけ、塩とミックスハーブをまぶす。にんにくは5mm幅の薄切りにする。

2　フライパンにオリーブオイルとにんにくを弱火で熱し、鶏もも肉を皮を下にして並べ入れる。にんにくはきつね色になったら取り出す。鶏もも肉の皮面がこんがりと焼けたら裏返し、白ワインを加えて蓋をして約7分蒸し焼きにして中まで火を通し、取り出す。フライパンをキッチンペーパーでさっとふいてオリーブオイル (分量外) を熱し、ズッキーニとラディッシュを焼く。

3　2の鶏もも肉を食べやすい大きさに切って器に盛り、焼き野菜を添えてジェノベーゼソースをかける。

大葉のジェノベーゼソース

大葉を使ったさっぱりソース。
肉や魚、なんでも合います。

材料　作りやすい分量

大葉 ＝ 40枚 (約35g)
にんにく ＝ 1/2かけ
松の実 ＝ 20g
粉チーズ ＝ 大さじ1
エクストラバージンオリーブオイル ＝ 100ml
塩 ＝ 小さじ1/2

つくり方

1　大葉は洗って茎の部分を切り、キッチンペーパーで水気をふく。にんにくは薄切りにする。

2　すべての材料をフードプロセッサーに入れ、なめらかになるまで攪拌する。

― AsuWa Point ―
バジルの代わりに大葉を使うことで、さっぱりとした味わいに。

chapter 2 _ 簡単 & 驚き！絶品メインのおかず / 39

肉料理_4

簡単コンビーフリエット

セロリと玉ねぎが隠し味として生きてくる。
ほぼ混ぜるだけの簡単レシピ。
バゲットと一緒にどうぞ。

材料 直径10cmのココット1個分

- コンビーフ ＝ 1缶 (100g)
- じゃがいも ＝ 1個 (正味100g)
- 玉ねぎ ＝ 20g
- セロリ ＝ 20g
- A
  - マヨネーズ、オリーブオイル ＝ 各大さじ1
  - 塩 ＝ ひとつまみ
  - ハーブミックス (乾) ＝ 小さじ1
  - 黒こしょう (粒) ＝ 約10粒
- 牛乳 ＝ 適宜 (大さじ1〜2)
- バゲット ＝ 適量

つくり方

1. じゃがいもは皮をむいてざく切りにする。耐熱容器に入れてふんわりラップをかけ、電子レンジ (600W) で約3分加熱する。

2. 玉ねぎとセロリはみじん切りにする。玉ねぎは水にさらして辛味を抜き、水気をしっかり切る。ハーブミックスと黒こしょうは乳鉢で粗く砕く。

3. 鍋にじゃがいもを入れて火にかけ、粉ふきにしてつぶす。玉ねぎとセロリ、コンビーフ、Aを入れて混ぜる。じゃがいもによってなめらかさが足りない場合は、牛乳を少しずつ加えて混ぜ、なめらかにする。

4. 3を器に盛り、バゲットを添える。

AsuWu Point
セロリと玉ねぎで風味と食感をプラス。

肉料理_5

濃厚アルボンディガス

スペイン風肉だんご。
さっぱりとしたトマトのソースに
肉汁が溶け出し濃厚な味わいに。

材料　2人分

- 牛ひき肉 = 200g
- パン粉、牛乳 = 各大さじ1
- A
  - 玉ねぎ（粗みじん切り）= 1/2個分
  - 卵 = 1個
  - 松の実 = 20g
  - イタリアンパセリ（粗みじん切り）= 2本分
  - 塩、こしょう = 各適量
- 薄力粉 = 適量
- オリーブオイル = 大さじ1
- B
  - にんにく（粗みじん切り）= 1かけ分
  - 赤ワイン = 大さじ2
  - トマトホール缶（ホールはつぶす）
    = 1缶（400g）
  - 固形ブイヨンの素 = 1個
  - 醤油 = 大さじ1/2
  - 砂糖 = 大さじ1
- 塩、こしょう = 各適量

つくり方

1　パン粉は牛乳と合わせる。

2　牛ひき肉に1とAを合わせ、粘りが出るまで混ぜる。
1個約30gになるように丸め、薄力粉を薄くまぶす。
小さめのフライパンにオリーブオイル（分量外）を中火で
熱し、丸めた牛ひき肉を揚げ焼きにする。

3　別のフライパンにオリーブオイル大さじ1を入れて
中火で熱し、Bを上から順に加えて、塩、こしょうで
味を調える。2を加え、ソースを絡めるように約10分煮る。

―AsuWa Point―

松の実を加えること
で食感とコクとまろ
やかさが加わる。

chapter 2 _ 簡単 & 驚き！絶品メインのおかず / 41

肉料理_6

蒸し鶏とクリームチーズの明太子和え

少しのコツでパサつかない蒸し鶏に。クリームチーズと明太子の相性も抜群。

材料 2人分

- 鶏むね肉（皮なし）＝ 1枚（150g）
- 塩 ＝ ひとつまみ
- A
  - 水 ＝ 600ml
  - 酒 ＝ 大さじ1
  - 生姜（薄切り）＝ 1かけ分
- 明太子 ＝ 1腹（25g）
- クリームチーズ ＝ 35g
- レモン汁 ＝ 小さじ1
- 万能ねぎ（小口切り）＝ 1本分
- 刻みのり ＝ 適量

つくり方

1. 鶏むね肉は塩をもみこむ。鍋にAを沸かして鶏むね肉を入れ、弱火で15分ゆでてそのまま冷ます。
2. 明太子はほぐし、クリームチーズは1cm角に切る。
3. 1の鶏むね肉を手で食べやすい大きさにさく。2とレモン汁を加えてざっくりと和える。器に盛り、万能ねぎと刻みのりをのせる。

―AsuWa Point―

鶏肉は湯の中で冷ますとパサつかずにしっとりと仕上がる。

肉料理_7

チキンコーン
ミルクスープ

小麦粉がダマになる心配無用。
鶏肉とミルクの優しいスープ。
朝食として食べられます。

材料　2人分

鶏もも肉 = 1/2枚
玉ねぎ = 1/2個
バター = 15g
ホールコーン（缶詰又は冷凍）= 60g
小麦粉 = 大さじ2
牛乳 = 400ml
顆粒コンソメスープの素 = 小さじ2
塩、こしょう = 各適量
パセリ（みじん切り）= 適宜

AsuWa Point

玉ねぎと一緒に小麦粉を炒めるとダマになりにくい。

つくり方

1　鶏もも肉は1cm角に、玉ねぎは薄切りにする。

2　鍋にバターを熱して溶かし、1を入れて炒める。
鶏もも肉の色が変わったらホールコーンを加えて
さっと炒め、弱火にして小麦粉をふるい入れる。
粉っぽさがなくなるまで炒め、
冷蔵庫で冷やしておいた牛乳を半量加える。
中火にしてよく混ぜ、
とろみがついたら残りの牛乳を加える。
顆粒コンソメスープの素を加えて、
塩、こしょうで味を調える。
器にそそぎ、お好みでパセリをふる。

肉料理_8

とろける牛ワイン煮込み

家庭でレストランの料理を。
でも難しいことは一切なしのおしゃれ煮込み。
ほろほろとした牛肉をお楽しみください。

材料 3〜4人分・作りやすい分量

牛ほほ肉 = 500g
A ┌ 赤ワイン = 400ml
  │ 玉ねぎ（薄切り）= 1/2個分（100g）
  │ セロリ（薄切り）= 1/2本分（50g）
  └ ローリエ = 2枚
マッシュルーム = 5個
にんじん = 1/2個
アスパラガス = 3本
にんにく = 1かけ
塩、こしょう = 各適量
薄力粉 = 大さじ5
オリーブオイル = 大さじ2
バター = 大さじ1
はちみつ = 大さじ1と1/2
赤ワイン = 大さじ2

つくり方

1　牛ほほ肉はキッチンペーパーで余分な水気を取り、
　　Aと一緒にチャック付き保存袋に
　　入れて冷蔵庫で一晩おく。

2　マッシュルームは半分に切る。
　　にんじんは皮をむいて縦6等分に切る。
　　アスパラガスははかまを取り、
　　根元の皮をピーラーでむいて3等分に切る。
　　にんにくは包丁の背でつぶす。

3　1をザルに移して、肉、野菜と浸け汁を分ける。
　　牛ほほ肉はペーパータオルで水気を取り、
　　塩、こしょうをふり薄力粉をまぶす。

4　フライパンにオリーブオイルを熱し、
　　にんにくを入れ香りが立ったら
　　牛ほほ肉を入れて全体に焼きめをつける。

5　鍋にバターを熱し、3の野菜とマッシュルーム、
　　にんじんを炒める。しんなりとしたら4と3の浸け汁、
　　はちみつを加え、沸かしてアクを取る。
　　蓋をして弱火で約2時間煮込み、
　　アスパラガスを加えて更に5分煮る。
　　火を止めて少し煮つめた赤ワインを加える。

— AsuWa Point —
はちみつで甘味をグッと引き出す。

魚介のおかず

あっさりしたものから濃厚なものまで。
難しいこと一切なしの魚介料理。

魚介料理_1
サーモンソテー アボカドソース

魚の油とアボカドソースがベストマッチ。
さっぱりと召し上がれます。
ふっくらとしたサーモンをお楽しみください。

材料 2人分

- 生鮭 = 2切れ
- 塩、こしょう、薄力粉 = 各適量
- エリンギ = 2本
- パプリカ (赤) = 1/4個
- オリーブオイル = 大さじ1
- アボカドソース = 適量
- ディルなどのハーブ = 適宜

— AsuWa Point —
蒸し焼きにすることで身がふっくらに。

つくり方

1. 生鮭は余分な水気をキッチンペーパーでふき、塩、こしょうをふって薄力粉を薄くまぶす。エリンギとパプリカはそれぞれ食べやすい大きさに切る。
2. フライパンにオリーブオイルを中火で熱し、エリンギとパプリカを焼いて焼き色がついたら取り出す。鮭を皮目から焼いてこんがりとしたら裏返し、蓋をして蒸し焼きにする。
3. 器に鮭と焼き野菜を盛り、アボカドソースをかける。お好みでディルなどのハーブを添える。

魚介料理には何でも合う。
醤油がアクセントに。

アボカドソース

材料 作りやすい分量・仕上がり量目安350～400ml

- アボカド = 1個
- A
  - マヨネーズ = 大さじ2
  - レモン汁 = 小さじ1
  - 醤油 = 小さじ1

つくり方

アボカドは種を取って皮をむき、ボウルに入れて
フォークなどでざっくりと潰してAを混ぜる。

chapter 2 _ 簡単 & 驚き！絶品メインのおかず / 47

魚介料理_2

海老レタス オイスター炒め

和からしの風味が効いている。
海老のプリプリと枝豆の心地よい食感に
お箸が進みます。

材料 2人分

ブラックタイガー ＝ 8尾
A [片栗粉 ＝ 大さじ1
　　塩 ＝ ひとつまみ]
エリンギ ＝ 2本
レタス ＝ 3枚
枝豆 ＝ 正味40g
にんにく ＝ 1かけ
ごま油 ＝ 大さじ1
B [オイスターソース、酒 ＝ 各大さじ1
　　和からし ＝ 小さじ1
　　顆粒中華だしの素 ＝ 小さじ1/3]

つくり方

1　ブラックタイガーは殻をむいて背わたを取る。
　　塩と片栗粉（ともに分量外）を揉みこんで水で洗い、
　　水気をふき取ってAをまぶす。
　　エリンギとレタスは食べやすい大きさに切る。
　　枝豆はさやから出し、にんにくはみじん切りにする。

2　フライパンにごま油とにんにくを入れて熱し、
　　香りが立ってきたらブラックタイガーを入れて炒める。
　　色が変わったらエリンギを加えて炒め、
　　Bを回し入れる。枝豆とレタスを加えてさっと炒める。

― AsuWa Point ―

和からしを少量加えることで、風味が増す。

魚介料理_3

マッシュルーム たっぷりアヒージョ

強いうま味を出し、味を吸収するマッシュルームが
食材にこだわるイタリア料理で
重宝される理由をご堪能ください。

材料　2人分

ブラックタイガー ＝ 12尾
ホワイトマッシュルーム ＝ 8個
ブラウンマッシュルーム ＝ 4個
鷹の爪 ＝ 1本
A ┌ オリーブオイル ＝ 適量
　├ ローズマリーの枝 ＝ 1本
　└ にんにく（粗みじん切り）＝ 1かけ分
オリーブオイル ＝ 適量
B ┌ 塩 ＝ 適量
　└ 顆粒昆布だしの素 ＝ 小さじ1
バゲット ＝ 適宜

つくり方

1　ブラックタイガーは殻をむき、
　背に切り込みを入れて背ワタを取る。
　塩と片栗粉（ともに分量外）を揉みこんで水で洗い、
　水気をふき取る。ホワイトマッシュルームは半分に切る。
　ブラウンマッシュルームは粗みじん切りにする。
　鷹の爪は半分に折って種を取る。

2　小さめのフライパン又は小鍋にAを弱火で熱し、
　にんにくが色づいてきたら、鷹の爪、
　ブラウンマッシュルーム、ブラックタイガーを加える。
　中火にして1〜2分たったらえびを裏返し、
　ホワイトマッシュルームを入れて、具材の2/3が
　浸かるくらいのオリーブオイルを加えて約2分煮る。
　仕上げにBを加えて味を調える。
　お好みでバゲットを添える。

AsuWa Point

ブラウンマッシュルームを刻んで加えることで香りと風味がさらに立つ。

魚介料理_4

ししゃもの胡麻焼き

ごまの風味が食欲をそそる。
はちみつが味のまとめ役に。
香ばしさの中にある甘さを堪能してください。

材料　2人分

ししゃも（またはカペリン）= 6尾
A ┃ 小麦粉 = 大さじ1/2
　 ┃ 醤油 = 小さじ2
　 ┃ 酢 = 小さじ1
　 ┃ はちみつ = 小さじ1/2
白炒りごま、黒炒りごま = 各大さじ2
ごま油 = 大さじ1
大葉（せん切り）= 8枚分

つくり方

1　Aを混ぜてししゃもをくぐらせ、
　　合わせたごまをたっぷりまぶしつける。

2　フライパンにごま油を弱火で熱し、1を並べて焼く。
　　ごまがこんがりと色づいたら裏返して両面焼く。

3　器に大葉を広げ、2を盛る。

はちみつを加えることで、香ばしさの中に甘さがきわ立つ。

魚介料理_5

梅ときゅうりの
なめろう

和食の定番を様々な食感で楽しんで。
隠し味のみそがほんのり香って、
日本酒や焼酎がすすみます。

材料　3〜4人分

鯵（あじ）＝ 2尾（正味150g）
きゅうり ＝ 1/2本
長ネギ ＝ 10cm
みょうが ＝ 1本
大葉 ＝ 2枚
生姜 ＝ 1片
梅干し ＝ 1個
A〔 みそ ＝ 大さじ1
　　レモン汁 ＝ 小さじ1/2 〕
ラディッシュ（薄切り）＝ 適宜

つくり方

1　鯵は三枚におろして皮をむいて小骨を取り、
　　5mm幅に刻む。きゅうりは1cm角に切る。
　　長ネギ、みょうが、大葉、生姜はみじん切りにする。
　　梅干しはたねを取って包丁で叩く。

2　ボウルにAと叩いた梅干しを入れてよく混ぜ、
　　その他の材料を全て加えて混ぜ合わせる。
　　お好みでラディッシュを添える。

― AsuWa Point ―

きゅうりを入れて食
感を変える。

chapter 2 _ 簡単 & 驚き！絶品メインのおかず / 53

魚介料理_6

わさびとすし酢の
カルパッチョ

すし酢が入ることで和風のコクをプラス。
わさびの風味がさわやかに鼻を抜けていきます。
ベビーリーフはお好みの葉野菜に変えてもOK。

材料　2人分

鯛（刺身用）= 1サク（150g）
玉ねぎ = 1/4個
A ┌ オリーブオイル = 大さじ1
　├ レモン汁、すし酢 = 各大さじ1/2
　├ 醤油 = 小さじ2
　└ おろしわさび = 小さじ1/2
ベビーリーフミックス = 1/2袋
オリーブオイル、塩 = 各適量

つくり方

1　鯛は薄いそぎ切りにして器に広げて並べる。
2　玉ねぎはみじん切りにして水にさらし、
　　水気をしっかり切ってAを混ぜあわせる。
3　ベビーリーフはさっと水洗いしてざるにあけ、
　　水気をしっかり切り、オリーブオイルと塩であえる。
4　1に3を山高にのせ、2を刺身にまわしかける。

— AsuWa Point —

白身魚の他、たこでも美味しい。すし酢とわさびがぴりっとしたアクセントに。

chapter 2 _ 簡単 & 驚き！絶品メインのおかず / 55

魚料理_7

鯖缶グラタン

缶詰を使うことで一気に時短。
お肉を使わない寒い時期にはピッタリのグラタン。
チーズを多く入れて濃厚に。

材料　2人分

さば水煮缶 = 1缶 (140g)
ブロッコリー = 1/2株
しいたけ = 4枚
玉ねぎ = 1/4個
オリーブオイル = 小さじ1
A｜ホールトマト缶 (ホールはつぶす)
　　= 1/2缶 (200g)
　｜顆粒コンソメスープの素 = 小さじ2
ピザ用チーズ = 50g
ディル = 適宜

つくり方

1　ブロッコリーは子房に分ける。
　　大きい場合は半分に切る。茎は皮を厚くむき、
　　芯の白っぽい部分を一口大の乱切りにする。
　　しいたけは石づきを取り、軸ごと4等分に切る。
　　玉ねぎはみじん切りにする。

2　フライパンにオリーブオイルを熱し、
　　しいたけをさっと炒める。
　　ブロッコリーと玉ねぎ、水気を切ったさば缶を
　　少しほぐして加え、Aを入れて約5分煮る。

3　耐熱容器に2を入れてピザ用チーズをのせ、
　　トースターで約7分、チーズがこんがりするまで焼く。
　　仕上げに、お好みで刻んだディルなどのハーブをのせる。

AsuWa Point

サバは水煮缶を使って時短。みそ煮缶を使うと違った味わいに。

野菜のおかず

野菜の甘味をご堪能ください。
子供も喜ぶ珠玉の野菜料理。

野菜料理_1

白菜のさっぱりそぼろあんかけ

味はしっかり、でもポン酢であっさり。
風味を残す最後の仕上げがポイント。
ご飯と一緒にどうぞ。

材料　2人分

- 豚ひき肉 = 180g
- 白菜 = 3枚 (200g)
- ほうれん草 = 1/4束 (50g)
- ごま油 = 小さじ2
- にんにく（すりおろし）、生姜（すりおろし）
  = 各小さじ1
- A　水 = 100ml
  　　醤油、みりん、酒 = 各大さじ1
  　　顆粒中華だしの素 = 小さじ1/3
- B　片栗粉 = 大さじ1
  　　水 = 小さじ2
- ポン酢 = 小さじ1

つくり方

1　白菜とほうれん草は4cm幅のざく切りにする。

2　フライパンにごま油を弱火で熱し、
にんにくと生姜を炒める。
香りが立ってきたら豚ひき肉を加え、中火で炒める。
豚肉に火が通ったら、白菜とほうれん草を
加えて炒める。全体がしんなりしたらAを加えて
約3分煮て、よく混ぜたBを回し入れてとろみをつける。
仕上げにポン酢を加える。

— AsuWa Point —

風味が残るように、
ポン酢を最後に回し
入れる。

野菜料理_2

ターキッシュ ズッキーニフライ

ズッキーニに火を通すことで、
外はサクッ、中はトロトロの食感に。
ヨーグルトソースによってあっさりと食べられます。

材料 2人分

ズッキーニ ＝ 1本 (200g)
プレーンヨーグルト（無糖）＝ 150g
A ┌ 細切りチーズ ＝ 30g
　└ 小麦粉 ＝ 大さじ3
オリーブオイル ＝ 大さじ2
塩、にんにくパウダー、
　粗挽き黒こしょう ＝ 各適量

つくり方

1　ズッキーニは千切りにする。
　　ヨーグルトは2時間以上水切りする。

2　1のズッキーニにAをまぶし、
　　水切りしたヨーグルト大さじ3を加えてよく混ぜる。

3　フライパンにオリーブオイルを熱し、
　　2を一口大にすくって並べ入れて揚げ焼きにする。
　　両面にこんがりと焼き色をつける。

4　水切りしたヨーグルトの残りに、
　　塩とにんにくパウダー、粗挽き黒こしょうを
　　少々加えて味を調え、3に添える。

―AsuWa Point―

しっかりと水切りしたヨーグルトを使う。コーヒーフィルターを使うと簡単。

chapter 2 _ 簡単 & 驚き！絶品メインのおかず / 61

野菜料理_3

ミックスビーンズ ミネストローネ

トマトの酸味とミックスビーンズの甘味が。
煮るだけでできる簡単スープ。
忙しいときにはぜひ。

材料 作りやすい分量

ミックスビーンズ水煮 ＝ 1缶 (110g)
アスパラガス ＝ 4本
A ┃ ホールトマト缶 (ホールはつぶす)
　　　＝ 1缶 (400g)
　┃ 水 ＝ 300ml
　┃ 顆粒コンソメスープの素 ＝ 大さじ1
　┃ 砂糖 ＝ 小さじ2

つくり方

1　アスパラガスははかまを取り、
　　根元の皮をピーラーでむいて1.5cm幅に切る。

2　鍋にAを入れて煮立たせ、水気を切った
　　ミックスビーンズを加えて弱火で約10分煮る。
　　アスパラガスを加えて更に5分煮る。

― AsuWa Point ―

砂糖の甘味でトマト
の酸味を抑え、コク
が出る。

野菜料理_4

風味豊かな
レタスのみそ汁

安いみそでも高級な味に大変身。
いつものみそ汁が料亭の味に。
同じ大豆製品だからこそのポイント。

材料　2人分

レタス ＝ 2枚
じゃがいも ＝ 1個（正味100g）
だし汁 ＝ 400ml
みそ ＝ 大さじ1
醤油 ＝ 少々

つくり方

1　レタスは食べやすい大きさにちぎる。
　　じゃがいもは皮をむいて小さめの一口大に切る。

2　鍋にだし汁とじゃがいもを入れて火にかけ、
　　じゃがいもがやわらかくなるまで煮る。
　　レタスを加えてひと煮たちしたら火を止め、
　　みそを溶き入れて醤油を少々加える。

―AsuWa Point―

最後に少しだけ醤油を入れることで、高級なみその風味に。

野菜料理_5

フムスディップ

ペーストをただ混ぜるだけでできる。
ちょっとしたパーティにもおすすめ。
お好みの野菜でお召し上がりください。

材料　2〜3人分

ひよこ豆水煮 = 150g
A　白ねりごま = 大さじ3
　　オリーブオイル = 大さじ2
　　ひよこ豆水煮の汁 = 大さじ1
　　レモン汁 = 大さじ1/2
　　塩 = 小さじ1/4
　　にんにくパウダー = 小さじ1/4
イタリアンパセリ（粗みじん切り）、
　パプリカパウダー = 適宜
お好みの生野菜（人参、きゅうり、
　ラディッシュなど）= 各適量
ピタパン = 適量

つくり方

1　Aを素早く混ぜ合わせる。

2　ミキサーに水気を切ったひよこ豆（飾り用に少し残す）と1を入れ、なめらかなペースト状になるまで攪拌する。冷蔵庫に入れて1時間以上休ませる。

3　2を器に盛り、飾り用に残したひよこ豆をのせ、お好みでイタリアンパセリとパプリカパウダーをふる。生野菜とピタパンを添える。

AsulWa Point

にんにくパウダーを使うことで、本格的な味が手軽に作れる。

野菜料理_6

アンチョビ ポテトサラダ

オリーブとアンチョビがアクセントに。
じゃがいもの形が残っている方がおすすめ。
少し上品な味わいです。

材料 2人分

じゃがいも ＝ 2個（正味200g）
アンチョビ（フィレ）＝ 2枚
マヨネーズ ＝ 大さじ2
ブラックオリーブ（種抜き）− 6粒
粗挽き黒こしょう、パセリ（みじん切り）
　＝ 各少々

つくり方

1　鍋に皮付きのじゃがいもとひたひたの水（分量外）を入れて火にかける。沸いたら弱火にして、じゃがいもにスッと竹串が入るまで茹でる。ざるにあけて粗熱が取れたら皮をむき、少し形が残るくらいに木べらでつぶす。

2　アンチョビはみじん切りにしてマヨネーズと混ぜる。ブラックオリーブは輪切りにする。

3　1に2と粗挽き黒こしょう、パセリを加えてよく混ぜる。

― AsuWa Point ―

 　アンチョビとオリーブで奥行きのある味わいに。

chapter 2 _簡単 & 驚き！絶品メインのおかず / 65

野菜料理_7

うま味広がるコンソメオムライス
自家製ケチャップがけ

子供が大好きな定番料理。
卵にコクがあるから飽きずに食べられる。
卵はキレイに巻かなくても大丈夫。

材料　2〜3人分／作りやすい分量

鶏もも肉 = 1/2枚
玉ねぎ = 1/4個
トマト = 小1個
オリーブオイル = 大さじ1
ご飯 = 300g
A [顆粒コンソメスープの素 = 小さじ1
　　塩、こしょう = 少々
卵 = 4個
B [顆粒コンソメスープの素 = 小さじ1
　　湯 = 大さじ1
バター = 20g
自家製ケチャップ = 適量

— AsuWa Point —
卵には生クリームの代わりにコンソメスープを入れてコクを出す。

つくり方

1　鶏もも肉は1cm角に切る。玉ねぎはみじん切りにする。トマトはヘタをとって湯むきし、ざく切りにする。

2　フライパンにオリーブオイルを熱し、鶏もも肉を入れて炒める。色が変わったら玉ねぎとトマトを加えて、トマトの水気を飛ばすように炒める。ご飯をほぐして加え、Aを加えて味を調え、皿に等分に盛る。

3　ボウルに卵を入れて溶き、Bのお湯で溶いたコンソメスープを加えて混ぜる。

4　フライパンを中火で熱してバター半量を溶かし、3を半量流し入れる。菜箸でかき混ぜながら半熟状にして、2のチキンライスの上にのせる。同様にもう一皿作り、自家製トマトケチャップをかける。

自家製ケチャップ

野菜の甘味たっぷりケチャップ。
色々な料理に応用してください。

— AsuWa Point —
りんごを入れて甘味をだす。

材料　作りやすい分量／仕上がり量目安350〜400ml

玉ねぎ = 1/2個（正味100g）
セロリ = 1/2本（正味50g）
りんご = 1/4個（正味50g）
にんにく = 1かけ（正味10g）
オリーブオイル = 小さじ2
ホールトマト缶 = 1缶（400g）
A [砂糖 = 大さじ1　塩 = 小さじ1　ローリエ = 1枚

つくり方

1　玉ねぎ、セロリ、りんごはざく切りに、にんにくは包丁の背でつぶす。

2　鍋にオリーブオイルを熱し、にんにくを炒める。香りが立ってきたら玉ねぎとセロリを加え、玉ねぎが透明になるまで炒める。ホールトマトを潰しながら加え、Aとりんごを入れて、蓋をして弱火で約20分煮る。一度火を止めてローリエを取り出し、ハンディミキサー等でなめらかになるまで攪拌する。ヘラでかきまぜながら弱火にかけ、とろみがつくまで約5分煮る。粗熱が取れたら保存容器に入れて冷蔵庫で保存する。

chapter 2 _ 簡単 & 驚き！絶品メインのおかず / 67

野菜料理_8
山形だしの冷製カッペリーニ

お家でおしゃれな冷製パスタ。
山形だしがよく麺にからみます。
うどんでも楽しめます。

材料 2人分

フルーツトマト ＝ 1個
A｜ オリーブオイル ＝ 大さじ1/2
　｜ 塩 ＝ ひとつまみ
B｜ 山形だし ＝ 120g
　｜ オリーブオイル ＝ 大さじ1
カッペリーニ ＝ 120g
塩 ＝ 適宜

―AsuWa Point―
トマトはマリネして甘味をひきだす。

つくり方

1　フルーツトマトはヘタを取り、湯むきして食べやすく切る。Aと合わせて冷蔵庫で冷やす。

2　大きめのボウルにBを合わせて、冷蔵庫で冷やす。

3　鍋に湯を沸かして塩（分量外）を加え、カッペリーニを袋の表示通りに茹でる。氷水に入れて素早く冷やし、ざるにあけて水気をしっかり切る。

4　2に3を加えてよく混ぜ、塩気が足りなければ塩で味を調える。冷やしておいた器に盛り付け、1のトマトをのせる。

自家製山形だし

麺にもご飯にも合う。
どんなものでもさっぱり食べられます。

―AsuWa Point―
醤油とめんつゆを合わせて使う。

材料　作りやすい分量

きゅうり ＝ 1本
なす ＝ 1個
みょうが ＝ 2個
大葉 ＝ 5枚
納豆昆布 ＝ 8g
A｜ 醤油、めんつゆ（3倍濃縮）
　｜ ＝ 各大さじ1/2

つくり方

1　きゅうりとなすはヘタを切り落とし、5mm角に切る。水500mlに塩小さじ1（ともに分量外）を溶かした塩水に約5分浸け、ざるにあけてしっかり水気を切る。

2　みょうがと大葉は細かく刻む。みょうがは水にさっとさらして水気を切る。

3　1と2、納豆昆布、Aを合わせて粘りが出るまでよく混ぜ、冷蔵庫で冷やす。

chapter 2 ＿ 簡単 & 驚き！絶品メインのおかず / 69

column 1
混ぜるだけドレッシング

＼忙しいときでも超簡単！／

毎日忙しい中料理をしなければならない皆さんにとって、一番おすすめなのは、自家製ドレッシングです。素材を混ぜるだけなので本当に簡単！しかも自分好みの味に調節できるので、お試しください。

和風トマトドレッシング

野菜のサラダならなんでもOK！
アボカドやモッツァレラチーズにも。

材料 作りやすい分量

トマト（5mm角に切る）＝ 1個（170g）
玉ねぎ（みじん切り）＝ 20g
オリーブオイル ＝ 25g
酢、みりん ＝ 各10g
はちみつ ＝ 3g
塩 ＝ 小さじ1/2
かつお節 ＝ 適量
白炒りごま ＝ 5g

つくり方

ボウルに材料を全て入れ、よく混ぜる。

パクチードレッシング

お肉や薄切りにした白身魚に！
パクチー好きにはたまらない。

材料 作りやすい分量

パクチー（ざく切り）＝ 30g
ごま油 ＝ 50g
ナンプラー ＝ 8g
はちみつ ＝ 2g
レモン汁 ＝ 小さじ1/2
白炒りごま ＝ 適量

つくり方

白炒りごま以外の材料をフードプロセッサーに入れて攪拌し、パクチーが細かくなったら白炒りごまを加える。

ライム
ドレッシング

カルパッチョやフライなど、
魚との相性抜群！

> いつものサラダが
> お店の味に！

材料 作りやすい分量

じゃがいも ＝ 3個（約300g）
玉ねぎ ＝ 1個
バター ＝ 10g
A ┃ 水 ＝ 400ml
　┃ 顆粒コンソメスープの素 ＝ 大さじ1
ライムの皮 ＝ 適量

つくり方

1　ボウルにライムの皮以外の材料を全て入れ、
　　よく混ぜる。

2　ライムの皮をすって加え、
　　少量を千切りにして加える。

ナッツ
ドレッシング

みずみずしい葉野菜にピッタリ！
ナッツの食感がアクセントに。

材料 作りやすい分量

カシューナッツ（無塩）＝ 40g
水 ＝ 50ml
A ┃ オリーブオイル ＝ 35g
　┃ レモン汁、醤油 ＝ 各小さじ1/2
　┃ 塩 ＝ 小さじ1/4
アーモンド（無塩）＝ 20g

つくり方

1　カシューナッツは分量の水に浸けて10分おく。

2　Aとともにフードプロセッサーに入れて
　　なめらかになるまで撹拌し、
　　包丁で刻んだアーモンドを加える。

71

Ristorante AsuWa

chapter_3

1品で満足!
ライス&パスタ

忙しいときにはこの1品だけでも。
各国のご飯&麺ものをご紹介します。
大人数で集まるときにもいかがでしょうか?

ぜいたく卵の親子丼

多めに卵を使うだけでお店の味に。
和からしの風味がほのかに香る、
トロトロ卵の親子丼。

材料　2人分

鶏もも肉 ＝ 1/2枚（150g）
玉ねぎ ＝ 1/2個
A｜水 ＝ 130ml
　｜めんつゆ（3倍濃縮タイプ）＝ 25ml
　｜和からし ＝ 小さじ1
卵 ＝ 3個
オイスターソース ＝ 数滴
温かいご飯 ＝ 丼ぶり2杯分
卵黄 ＝ 2個
白炒りごま ＝ 小さじ1
糸三つ葉（ざく切り）＝ 2本分

つくり方

1　鶏もも肉は小さめの一口大に切る。
　　玉ねぎは薄切りにする。

2　小さめのフライパンにAを強火で煮立て、
　　鶏もも肉と玉ねぎを加えたら、中火にして3〜4分煮る。
　　卵3個を軽く溶いてオイスターソースを加えてから、
　　まわし入れる。半熟になったら火を止める。

3　器にご飯を盛り、2を半量のせて中央に卵黄1個をのせ、
　　白炒りごまと糸三つ葉をちらす。
　　同様にもうひと皿作る。

— AsuWa Point —

卵黄をのせて、簡単に半熟感を出す。

chapter 3 _ 1品で満足！ライス＆パスタ

ごまが香る
ちらし寿司

ごま油の香りがアクセントの
彩り豊かな贅沢ちらし。
お誕生日などのお祝い事にぜひ。

材料　作りやすい分量・5人分

米 ＝ 2合
A ┃ 寿司酢 ＝ 大さじ4
　 ┃ ごま油 ＝ 小さじ1
れんこん ＝ 3cm（約40g）
B ┃ 穀物酢 ＝ 大さじ3
　 ┃ はちみつ ＝ 大さじ1
　 ┃ 塩 ＝ 小さじ1/2
　 ┃ 鷹の爪 ＝ 1本
油揚げ ＝ 1枚（80g）
干ししいたけ（水で戻す）＝ 3枚
にんじん ＝ 1/2本
ゆでたけのこ ＝ 50g
C ┃ 水 ＝ 300ml
　 ┃ 砂糖 ＝ 大さじ2
　 ┃ 醤油 ＝ 大さじ1と1/2
　 ┃ みりん ＝ 大さじ1
　 ┃ 顆粒和風だしの素 ＝ 小さじ1
　 ┃ 塩 ＝ 少々
無頭えび ＝ 5尾
D ┃ 水 ＝ 200ml
　 ┃ 酒 ＝ 大さじ2
　 ┃ 塩 ＝ 少々
卵 ＝ 1個
E ┃ 砂糖 ＝ 小さじ1
　 ┃ 塩 ＝ 少々
きぬさや（塩ゆでして細切り）＝ 5枚
いくら、大葉（千切り）＝ 各適量

つくり方

1　米は研いで、普段よりも固めに炊飯する。
　　寿司桶に移し、Aを回しかけてしゃもじで
　　切るように手早く混ぜ合わせる。

2　れんこんは皮をむいて薄い半月切りにし、
　　さっと下茹でしてBに浸ける。

3　油揚げは熱湯をかけて余分な油を落とし、
　　細切りにする。
　　干ししいたけは軸を取って薄切りに、
　　にんじんとゆでたけのこは粗みじん切りにする。

4　鍋にCを中火で熱し、沸騰したら3を加える。
　　弱火にして汁気がなくなるまで煮詰め、
　　1の寿司飯に混ぜる。

5　無頭えびは殻をむいて背わたを取る。
　　小鍋にDを入れて熱し、
　　えびを加えて色が変わるまで茹でる。
　　ざるにあけ、粗熱が取れたら横半分に切り、2に加える。

6　卵は溶きほぐして、Eを加えて混ぜる。
　　フライパンにサラダ油（分量外）を弱火で熱し、
　　薄焼き卵を作る。冷めたら細切りにする。

7　4を器に盛り、錦糸卵、水気を切ったれんこん・えび、
　　きぬさや、いくら、大葉をのせる。

― AsuWa Point ―

酢飯にごま油を加えることで、香りが立つ。

chapter 3 _ 1品で満足！ライス＆パスタ ／ 77

多国籍ソースの
カオマンガイ

パクチーの根が香りのポイント。
様々なソースで召し上がれ。
骨付きの部位を使うことでいいダシが出ます。

材料　2〜3人分

- 鶏手羽中 = 10本（約200g）
- A ┌ 水 = 500ml
  　└ 生姜（薄切り）= 1かけ分
- オリーブオイル = 大さじ1
- 生姜、にんにく（みじん切り）
  　= 各1かけ分
- 米 = 1.5合
- B ┌ 顆粒鶏ガラスープの素、ナンプラー
  　└ = 各小さじ1
- パクチー = 1〜2株
- ソース = 適宜
- きゅうり = 適宜

つくり方

1. 鍋に鶏手羽中とAを入れて強火にかけ、沸騰したらアクを取り、弱火で20分煮る。火を止めてそのまま冷ます。
2. フライパンにオリーブオイル、生姜、にんにくを入れて火にかけ、香りが立ってきたら火をとめる。
3. 炊飯器にさっと洗った米と1のゆで汁を270ml、2（油ごと）とB、包丁の腹でつぶしたパクチーの根を入れて炊く。
4. 3が炊けたらパクチーの根を取り除き、器に盛る。フォーク等で骨から肉をはずしてほぐし、刻んだパクチーをのせてソースを添える。お好みで薄切りにしたきゅうりを添える。

ソースいろいろ

- 甘めのみそだれ = みそ大さじ1、はちみつ小さじ1をよく混ぜる。
- 醤油のソース = 醤油大さじ1、みりん・酢各小さじ1、すりおろしにんにく少々をよく混ぜる。
- 市販のサルサソース = 適量
- にんにく生姜のごま油だれ = にんにくと生姜のみじん切り各1/2かけ分、ごま油大さじ1、塩小さじ1/4をよく混ぜる。

AsuWa Point

パクチーの根を使って香り付け。

フレッシュバジル
ガパオライス

生のバジルを使うことで風味がアップ。
卵のカリカリもアクセントに。
特別な調味料は一切必要なし。

材料　2人分

豚ひき肉 = 200g
玉ねぎ = 1/4個
パプリカ（赤） = 1/4個
バジルの葉 = 10枚
ごま油 = 大さじ2
にんにく（みじん切り） = 1かけ分
鷹の爪（小口切り） = 1本分
A ┃ オイスターソース、醤油 = 各大さじ1
　 ┃ 砂糖 = 小さじ1
　 ┃ こしょう = 適量
卵 = 2個
ご飯 = 適量
トマト（半月切り） = 1個分
バジルの葉（飾り用） = 適量

―― AsuWa Point ――

卵焼きは油を多めに使い、カリッとした揚げ焼きにする。

つくり方

1　玉ねぎはみじん切りに、パプリカとバジルの葉は細切りにする。

2　フライパンにごま油を弱火で熱し、にんにくと鷹の爪を炒める。香りが立ったら豚ひき肉と玉ねぎを加え、豚肉の色が変わったらパプリカとバジルを加えてさっと炒め、Aを入れる。さっと炒めたら、バットに取り出す。

3　フライパンをさっとふき、サラダ油（分量外）を多めに入れ強火で熱し、卵を割り入れて目玉焼きを2つ作る。

4　器にご飯、2、3を順に乗せて、トマトとバジルを添える。

トマトジュースで
タコライス

トマトジュースを使うことで、
簡単にできるタコライス。さっぱりとした酸味と
少しの辛味がクセになります。

材料　2人分

豚ひき肉 ＝ 200g
玉ねぎ ＝ 1/4個
にんにく ＝ 1かけ
レタス ＝ 2枚(80g)
トマト ＝ 1個
サラダ油 ＝ 小さじ1
白ワイン ＝ 大さじ1
A｜無塩のトマトジュース ＝ 50ml
　｜醤油 ＝ 大さじ1
　｜顆粒コンソメスープの素 ＝ 小さじ1
　｜チリパウダー、ハーブミックス(乾)
　｜　＝ 各少々
　｜塩、こしょう ＝ 各適量
ご飯 ＝ 300g
ミックスチーズ ＝ 40g

つくり方

1　玉ねぎとにんにくはみじん切りにする。
　　レタスは細切りに、トマトは1cmの角切りにする。

2　フライパンにサラダ油を中火で熱し、
　　にんにくと玉ねぎを入れて炒める。

3　香りが立ってきたら豚ひき肉を加える。
　　肉の色が変わったら、白ワイン、Aの順に加えて
　　2～3分炒める。

4　器にご飯を盛り、レタス、トマト、2、
　　ミックスチーズの順にのせる。

─ AsuWa Point ─

トマトジュースとチリパウダーを加えることで、サルサソースのような酸味とコクがでる。

chapter 3 _ 1品で満足！ライス＆パスタ / 81

ガーリック
バターライス

いつもメインのひき肉を脇役に。
食べ応え満点のガッツリご飯。
お肉のうま味が全体を包みます。

材料 2人分

- 牛ひき肉 = 100g
- 玉ねぎ = 1/4個
- にんにく = 1かけ
- 赤パプリカ = 1/4個
- しいたけ = 2枚 (30g)
- バター = 15g
- A ┃ 醤油 = 大さじ1と1/2
  ┃ 白ワイン = 大さじ1
  ┃ 塩、こしょう = 各適量
- 温かいご飯 = 300g
- パセリ (刻む) = 適量

つくり方

1 玉ねぎとにんにくはみじん切りに、パプリカは粗みじん切りにする。しいたけは石づきを取って粗みじん切りにする。

2 フライパンにバターを中火で熱し、にんにくと玉ねぎを入れて炒める。全体に油がまわったら牛ひき肉を加える。肉の色が変わったらしいたけを加えて炒め、Aとパプリカを加えて2〜3分炒める。温かいご飯を加えて手早く混ぜ合わせる。

3 器に盛り付けてパセリをふる。

— AsuWa Point —

ひき肉を加えることで、食べ応えのある一品に。

あさりといんげんの炊き込みご飯

だしをたっぷり使った炊き込みご飯。
あさりの味と風味を存分に堪能してください。
お焦げの香ばしさも魅力的。

材料　3〜4人分・作りやすい分量

- あさり（殻付き／砂抜きをする）＝ 300g
- 米 ＝ 2合
- いんげん ＝ 5本
- にんじん ＝ 1/3本
- 油あげ ＝ 1枚（50g）
- 酒 ＝ 大さじ2
- A ｜ 醤油、みりん ＝ 各大さじ1
　　｜ 顆粒和風だし ＝ 小さじ1/2
　　｜ 塩 ＝ ひとつまみ
- 糸三つ葉（ざく切り）＝ 2本分

つくり方

1. 米は研いで約30分水（分量外）に浸し、ザルにあげて水気を切る。
2. いんげんは塩ゆでして小口切りにする。にんじんと油あげは細切りにする。
3. 深めの耐熱皿にあさりと酒を入れ、ふんわりとラップをかけて電子レンジ（600W）で約4分加熱する。粗熱が取れたら殻から身をはずし、煮汁はAに加える。
4. 炊飯器に1とAを入れ、水（分量外）を炊飯器の2合の目盛りまで加えて混ぜる。にんじん、油あげをのせて炊飯する。
5. 4が炊けたらしゃもじで全体をほぐし、3のあさりの身といんげんを加えて約10分蒸らす。器に盛り、糸三つ葉をのせる。

AsuWa Point

あさりの貝汁も一緒に炊き込む。

有頭海老の濃厚クリームペンネ

海老のみそを使うことで、濃厚な味に。
桜海老も加えることで、
より一層風味もアップします。

材料　2人分

有頭えび ＝ 4尾
塩 ＝ 適量
A｜オリーブオイル ＝ 大さじ1
　｜にんにく（みじん切り）＝ 1かけ分
　｜干し桜えび ＝ 大さじ2
白ワイン ＝ 大さじ2
水 ＝ 100ml
ペンネ ＝ 180g
B｜オリーブオイル ＝ 大さじ2
　｜にんにく（みじん切り）＝ 1かけ分
　｜玉ねぎ（みじん切り）＝ 1/2個分
　｜マッシュルーム（薄切り）＝ 3個分
白ワイン ＝ 大さじ1
生クリーム ＝ 100ml
塩、こしょう ＝ 各適量
バジルの葉 ＝ 5枚
粗挽き黒こしょう ＝ 適量

つくり方

1　有頭えびは塩をまぶしてよく洗い、キッチンペーパーで水気をふき取る。頭を取って殻をむく。

2　フライパンにAを入れて中火にかける。1のえびの頭と殻を加え、木べらで潰しながら全体をしっかりと炒める。えびの殻に焼き色が付いてきたら白ワインを回し入れ、水分が無くなったら火を止めて粗熱を取る。

3　フードプロセッサーに2を入れて、分量の水を加えしっかりと撹拌する。

4　鍋に湯を沸かして塩（分量外）を加え、ペンネを袋の表示通りに茹でてザルにあげる。

5　フライパンを中火で熱し、Bを上から順に加えて炒める。全体に火が通りしんなりとしたら、裏ごしした3を加えて5分程煮詰める。

6　白ワイン、生クリーム、4のペンネを順に加えて、塩、こしょうで味を調える。器に盛り、ちぎったバジルの葉、黒こしょうをちらす。

―― AsuWa Point ――

有頭えびの頭をつぶすことでより濃厚に。

chapter 3 _ 1品で満足！ライス＆パスタ / 85

りんごとレモンの冷やし中華

りんごの繊維が残っているので、
麺との絡みが良くなります。
夏の新定番にしてください。

材料　2人分

- ロースハム＝4枚
- きゅうり＝1/2本
- トマト＝1/2個
- オクラ＝2本
- A
  - りんご（すりおろし）＝1/3個分（正味80g）
  - 水、醤油＝各50ml
  - 砂糖、酢、レモン汁＝各大さじ1
  - ごま油＝小さじ1
- 中華麺＝2玉
- ゆで卵＝1個
- レモン（輪切り）、白炒りごま＝各適量

つくり方

1. ロースハム、きゅうりは細切りにする。トマトは薄い半月切りにする。オクラはガクを取り、塩少々（分量外）で軽くもんでうぶ毛を取る。
2. 鍋に湯を沸かし、オクラを茹でる。ざるにあけて粗熱を取り、縦半分に切る。
3. Aを合わせて冷蔵庫で冷やす。
4. 鍋に湯を沸かし、中華麺を袋の表示通りに茹でる。冷水でよく洗い、水気をしっかり切る。
5. 器に中華麺を盛り、1、2の具材をのせる。半分に切ったゆで卵・レモンをのせて白炒りごまをふり、3をかける。

AsuWa Point — りんごの甘味がレモンの爽やかな酸味を包みこむ手作りだれ。

ピリ辛やきそば

いつもの焼きそばに飽きたらこのレシピ。
豆板醤を入れるだけで簡単にできる
脱マンネリ焼きそば。

材料　2人分

豚バラ薄切り肉 ＝ 100g
ニラ ＝ 1/2束（50g）
玉ねぎ ＝ 1/2個
にんじん ＝ 1/3本
中華蒸し麺（焼きそば用）＝ 2玉
ごま油 ＝ 適量
豆板醤 ＝ 小さじ2
付属の粉末ソース ＝ 1袋分

つくり方

1　豚肉は3cm幅に切る。ニラは4cm幅に切る。玉ねぎは薄切り、にんじんは細切りにする。中華蒸し麺は袋の口を切り、電子レンジ（600W）で約40秒加熱してほぐす。

2　フライパンにごま油を熱し、玉ねぎを入れて炒める。玉ねぎが透明になってきたらにんじんとニラを加えてさっと炒め、バットに取り出す。

3　2のフライパンをキッチンペーパーでさっとふき、豚バラ肉を炒める。豚バラ肉から油が出てきたら、ごま油を少し足し、中華蒸し麺を入れて炒める。全体に油がまわったら、豆板醤と粉末ソースを加える。2の野菜を戻し入れて全体を混ぜ、器に盛る。

AsuWa Point

粉末ソースは半分にし、豆板醤を入れて辛味を足す。豚バラ肉の油のうまみを麺にまとわせるように炒める。

梅とカツオの
そうめん

大葉と梅でさわやかな味わいのめんつゆが、
かつお節によって麺によくからみます。
食欲がないときにもおすすめです。

材料　2人分

梅干し ＝ 2個
大葉 ＝ 4枚
A ┃ めんつゆ (3倍濃縮) ＝ 60ml
　 ┃ 水 ＝ 140ml
　 ┃ かつお節 ＝ 5g
　 ┃ 白炒りごま ＝ 大さじ1
そうめん ＝ 2束

つくり方

1　梅干しは種を取り、包丁で叩く。大葉は千切りにする。

2　Aに梅干しを加えてよく混ぜ、冷蔵庫に入れて冷やす。

3　鍋に湯を沸かし、そうめんを袋の表示通りに茹でる。
　　冷水でよく洗ってぬめりを落とし、
　　水気をしっかり切る。

4　そうめんを器に盛り、2に大葉を加えて添える。

AsuWa Point

めんつゆにかつお節と梅干しを加える
ことで香り豊かな特製つゆに。

chapter 3 _ 1品で満足！ライス＆パスタ

スタミナ キムチ納豆うどん

ガツンと食べたいときに間違いない一品。
卵、キムチ、納豆の黄金トリオ。
ここ一番気合いを入れたいときにどうぞ。

材料　2人分

きゅうり ＝ 1/2本
キムチ ＝ 100g
納豆 ＝ 2パック
醤油 ＝ 小さじ1
A ｜ めんつゆ（3倍濃縮）＝ 150ml
　 ｜ 水 ＝ 300ml
冷凍うどん ＝ 2玉
卵黄 ＝ 2個分
刻みのり、白炒りごま ＝ 適宜

つくり方

1　きゅうりは千切りにする。キムチはざく切りにして
　　納豆と醤油を合わせてよく混ぜる。
　　別の器にAを合わせて冷蔵庫で冷やす。
　　鍋に湯を沸かし、冷凍うどんを袋の表示通りに茹でる。

2　うどんを冷水でよく洗い、水気をしっかり切る。
　　器に半量を盛り、きゅうりの千切りと
　　キムチ納豆をのせる。

3　中央をくぼませて卵黄をのせ、Aをかける。
　　お好みで刻みのりと白炒りごまをのせる。
　　同様にもうひと皿作る。

— AsuWa Point —

 　キムチと納豆が発酵食品同士だからよく合う。

試練の
ジャージャン麺

塩味、甘味、酸味、辛味、うま味がバランスよくできた1品。この料理を味見をしながら作れたら、あなたも〝神の舌〟の持ち主です。

材料　2人分

合挽き肉 = 150g
ゆでたけのこ = 50g
長ねぎ = 10cm (20g)
しいたけ = 2枚 (30g)
ごま油 = 大さじ1
生姜（みじん切り）= 1/2かけ分
鷹の爪（小口切り）= 1本分
A │ 水 = 100ml
　│ 甜麺醤 = 大さじ1と1/2
　│ 醤油、ラー油 = 各大さじ1
　│ 砂糖、はちみつ = 各小さじ1
　│ 塩、こしょう = 各適量
B │ 片栗粉 = 大さじ1
　│ 水 = 大さじ2
穀物酢 = 大さじ1
中華麺 = 2玉
長ねぎ（白髪に切る）= 5cm分
きゅうり（千切り）= 1/2本分
白炒りごま = 適量

つくり方

1　ゆでたけのこと長ねぎは粗みじん切りにする。しいたけは石づきを取って粗みじん切りにする。

2　フライパンにごま油と生姜、鷹の爪を中火で熱し、1を炒める。全体に油がまわったら合挽き肉を加える。肉の色が変わったらAを加えて混ぜ合わせ、Bの水溶き片栗粉をまわし入れてとろみをつける。火を止めて酢を回し入れる。

3　大きめの鍋に湯を沸かし、中華麺を袋の表示通りに茹でてざるにあける。冷水でよく洗い、水気をしっかり切る。器に盛って2をかけ、白髪ねぎときゅうりをのせて白炒りごまをふる。

―AsuWa Point―

はちみつの甘味が舌に残り、辛味の中に甘味を感じられる。

column 2
絶品おつまみレシピ
\お酒がとまらない！/

お家でお酒が飲みたいとき、そんなお酒のお供にこのレシピはいかがでしょうか。
簡単なのにおしゃれでしかもおいしい。どんどんお酒がすすむので、
飲み過ぎにはお気を付けください。

アボカドの和風ピクルス

かつおだしが決め手！
味にとげがなくマイルドなピクルス。

材料　作りやすい分量

アボカド＝1個
みょうが＝3本
ヤングコーン＝3本
A［穀物酢＝100ml
　　水＝100ml
　　砂糖＝大さじ1

醤油＝小さじ2
かつおだしパック＝1袋
にんにく＝1かけ
鷹の爪＝1本
黒こしょう（ホール）＝小さじ1
ローリエ＝1枚

つくり方

1　アボカドは半分に切って種を取り、皮をむく。
　　みょうがとヤングコーンは縦半分に切る。

2　鍋にAを熱してひと煮立ちさせてそのまま冷まし、
　　1とともにジップロックに入れて、冷蔵庫で一晩おく。

3　それぞれ食べやすく切る。

自家製タルタルエッグ

すし酢の甘味が卵をつつむ！
少しイタリアンな一口おつまみ。

材料　2人分

茹で卵＝2個
玉ねぎ＝1/8個
ピクルス＝10g
A［マヨネーズ＝大さじ1
　　すし酢、はちみつ＝各少々

イタリアンパセリ
　（みじん切り）＝少々
オリーブオイル＝適量

つくり方

1　茹で卵は縦半分に切る。
　　玉ねぎとピクルスはみじん切りにする。

2　ボウルに茹で卵の黄身と玉ねぎ、ピクルス、Aを入れて
　　混ぜ合わせ、茹で卵の白身のへこんだ部分にのせる。
　　器に並べ、イタリアンパセリをちらし
　　オリーブオイルをまわしかける。

家飲みがBarのように！

みそ漬け パルミジャーノ レッジャーノ

酒とみりんはアルコールを飛ばすことがカギ！ ワインのお供に。

材料 作りやすい分量

パルミジャーノチーズ = 70g

A │ みそ = 80g
  │ 酒 = 大さじ2
  │ みりん = 大さじ1
  │ 砂糖 = 小さじ1

つくり方

1 パルミジャーノチーズは1.5cm角に切る。

2 鍋にAを入れて中火にかけ、練りあわせる。バットに出して冷ます。

3 保存容器に2を半量しいて1を並べ入れ、残りの2で覆う。冷蔵庫に入れて一晩以上おく。

卵かけご飯

昆布茶と和からしがアクセントに！
飲み過ぎたあとのブレイクごはん。

材料 1人分

ご飯 = 茶碗1杯分
卵 = 1個

A │ 醤油 = 小さじ1
  │ 顆粒昆布茶 = ひとつまみ
  │ 和からし = 少々(1g)

万能ねぎ（小口切り）= 1本分

つくり方

器にご飯を盛り、卵を割ってのせる。
Aをまわしかけて万能ねぎをのせる。

おわりに

仕事も国も関係なく、食事をしない人はいません。食事は一番身近なものです。それだけ身近なことだからこそ、料理が楽しくなると生活が楽しくなる、人生が楽しくなると思います。

料理に対してハードルが高い、難しそうと思う方は、失敗を恐がっていませんか。失敗しても、それを次に生かせばいいと思うんです。ちょっと焦がしたと思ったら、焼く時間を気にするようにすればいい。しょっぱかったと思えば、塩味を抑えればいい。
失敗をした方がより学ぶことが多いはず。

本やネットで簡単にレシピを検索できるようになりました。その分レシピ通りに作れば、失敗することも少なくなってきています。でも僕は、教科書通りの料理ではなく、自分なりのオリジナルを探してほしい。それが料理が楽しくなる秘訣だと思います。このレシピ本を作っていながら、こんなことを言うのもおかしいのですが……笑。

この本でご紹介したレシピもどんどんアレンジしてみてください。そうして自分なりに満足のいくレシピができたとき、必ず料理が楽しくなるはずですから。

阿諏訪泰義

staff

料理撮影	貝塚純一
人物撮影	京介
装丁・デザイン	細山田光宣＋南 彩乃
	（細山田デザイン事務所）
フードスタイリング	井上裕美子・青木夕子（エーツー）
スタイリスト	梅本亜里（DEXI）
校正	玄冬書林
マネージメント	湯澤麻貴（松竹芸能）
協力	日本テレビ放送網
編集	有牛亮祐

予約の取れないレストラン

リストランテ a suwa

阿諏訪泰義（うしろシティ）著

2016年11月10日　初版発行

発行者	横内正昭
編集人	青柳有紀
発行所	株式会社ワニブックス
	〒150-8482
	東京都渋谷区恵比寿4-4-9　えびす大黒ビル
	電話　03-5449-2711（代表）　03-5449-2716（編集部）
	ワニブックスHP　http://www.wani.co.jp/
	WANI BOOKOUT　http://www.wanibookout.com/
印刷所	凸版印刷株式会社
DTP	三協美術
製本所	ナショナル製本

定価はカバーに表示してあります。
落丁本・乱丁本は小社管理部宛にお送りください。送料は小社負担にてお取替えいたします。
ただし、古書店等で購入したものに関してはお取替えできません。
本書の一部、または全部を無断で複写・複製・転載・公衆送信することは法律で認められた範囲を除いて禁じられています。

©阿諏訪泰義2016
ISBN978-4-8470-9514-6